AF463264

HORACE BERTIN

HIPPOLYTE MILLERET

MARSEILLE-LITTÉRAIRE

HORACE BERTIN

St-ANTOINE-MARSEILLE

J. DOUCET, IMPRIMEUR-ÉDITEUR,

Vallon du Pin.

1886

HORACE BERTIN

Une statistique littéraire qui ne serait pas sans mérite ni sans intérêt, c'est certainement celle des biographies et des portraits d'HORACE BERTIN. Cette vie si sereine et ce talent si fin pouvaient supporter les assauts cent fois répétés de la critique ; sans fausse modestie, je puis dire que mon travail m'expose à commettre plus d'un plagiat. Parmi nos littérateurs de clocher, vous en trouverez peu qu'un succès de portraitiste n'ait point tenté à la lecture des œuvres du premier écrivain marseillais.

Récemment encore, M. Jean Tribaldy a publié, dans la *Revue Moderne*, une chronique dont HORACE BERTIN fait tous les frais, et je me plais à reconnaître que le talent de ce dernier ne pouvait être défini, en deux pages, avec plus de justesse et de plénitude.

Certains maîtres parisiens même n'ont pas dédaigné de prendre part au concert de critiques et d'éloges dont on a gratifié l'auteur de *Marseille-Inconnu*. Pontmartin, Henri Fouquier, Théodore de Banville lui ont consacré des articles après lesquels toute louange est permise à une plume moins autorisée.

Après tout ce qui a été écrit sur Bertin, le portrait de son masque seul m'offre encore quelque chance de me montrer neuf. Ceux qui ont déjà brossé cette physionomie ne peuvent avoir eu la prétention de l'éterniser. Les traits, certes, ont dû conserver l'air de finesse doucement narquoise qui est la caractéristique de ce visage intelligent. Mais les cheveux, très noirs jadis, grisonnent à présent en maints endroits, de jour en jour, laissant mieux saillir le front dont le peu de rides témoignent d'une vie calme et sobre.

Les yeux qui ont conservé une ardente expression de foi ont perdu un peu en couleur, et ce sourire affable, dont l'absence changerait tous les traits du masque tant il lui est habituel, s'est corrigé aujourd'hui par une vague expression de pitié philosophique. Une barbe courte et soigneusement peignée encadre cette figure expressive.

D'une taille un peu au-dessus de la moyenne, les épaules fortement accusées, HORACE BERTIN, qui en est à l'âge mûr, portera gaillardement une longue vieillesse. Des mains et des bras, je ne vous dirai rien, puisque c'est l'habitude de n'en pas parler. Sachez cependant que le geste en est sobre, par cette excellente raison que bras et mains sont toujours occupés. BERTIN n'ouvre la bouche qu'en bourrant sa pipe, en coupant ses journaux ou en feuilletant ses livres. L'éloquence de ces mouvements peut être contestée ; en tout cas ils complètent bien l'homme.

Dans la rue même, la canne à droite, à gauche un volume ou un cartable, il s'en va, attentif derrière son lorgnon permanent, dans son éternelle redingote noire et son pantalon court et sous son chapeau rond.

Ce vêtement a, comme on le voit, le droit d'être immuable. C'est un habile mélange de tenue officielle et fantaisiste qui n'est déplacée nulle part.

Et cela s'harmonise d'ailleurs avec la vie régulière, méthodique, casanière d'HORACE BERTIN. Personne, en effet, ne semble goûter plus que lui les charmes paisibles du foyer et de l'étude. Depuis que le feu de la jeunesse s'est éteint, chaque jour de la semaine, chaque heure de la journée s'écoulent pour lui d'une manière prévue et uniforme. Il aime aussi peu les agitations de la foule que les romans à coups d'épée de Ponson du Terrail.

N'allez pas vous imaginer au moins ici que vous ayez affaire à un misanthrope. HORACE BERTIN est un Alceste corrigé. Les travers de la société lui inspirent plus de pitié que de haine ou de répugnance.

S'il en était autrement, comment expliquer chez lui un certain amour de la popularité assez prononcé ? Il ne dédaigne pas les honneurs que son talent lui attire ; mais là se borne sa petite vanité. Cette superbe qui, chez tant d'hommes supérieurs, gâte les plus belles qualités, il ne la croit pas nécessaire à sa renommée. Il a mis son intelligence au service de son cœur, et sa bonté est vraie parce qu'elle est perspicace et prévenante.

D'un caractère méridional, il n'aime point se plier aux subtilités d'une politesse compassée. Sa conversation sans gêne fuit avant tout la recherche. Il y a même chez lui un vieux levain de bohême qui le pousse à exagérer ce sans façon dans le langage. L'écrivain marseillais est en un mot un de ces artistes effrontés dont les goûts pour la pipe et le pot-au-feu font lever, au ciel qui n'en peut mais, les bras indignés des douairières nées dans les salons de 1830.

*
* *

Ceux qui ont lu *Marseille-Inconnu* et qui savent le culte d'HORACE BERTIN pour le vieux Marseille trouveront tout naturel qu'il y soit né. C'est en effet au milieu de cette pittoresque population de mariniers qu'il a croquée si souvent avec tant de vérité qu'est né, le 28 octobre 1843, Simon Bense — un nom que Bertin a peut-être désappris. Il y grandit jusqu'à ce qu'il eût l'âge d'entrer au Lycée. Je ne pousserai pas les détails biographiques jusqu'à rechercher s'il fut un des forts en thème de sa génération. Toujours est-il que sa vocation pour les belles-lettres se déclara sur les bancs de l'école et qu'il se sentit littérateur à un âge où tant d'autres ne se sentent pas encore hommes. L'atmosphère des rédactions, dont il faisait déjà partie, le reposait de l'air si peu balsamique de la salle d'études.

Sorti du Lycée, son esprit sensé et pratique l'empêcha de se jeter à corps perdu dans la littérature et lui fit embrasser prudemment la carrière d'employé.

C'est à cette époque que remonte sa liaison avec le célèbre Debureau dont le talent lui inspira une grande passion pour l'art nouveau de la pantomime. Cette passion eut par la suite des effets brillants : *Pierrot-Tartuffe*, *Pierrot-menteur*, *La Cigareuse* et *Pierrot-fainéant* représentés avec succès sur une de nos secondes scènes lyriques ne contribuèrent pas peu à rendre populaire le nom de BERTIN. Ces pantomimes et quelques saynètes pleines de verve et de sel, disons-le pour n'y plus revenir, constituent tout son bagage théâtral.

Au milieu de ses occupations journalières, il trouva encore le temps de fonder deux journaux : l'*Echo de Marseille* et les *Tablettes Marseillaises* qui eurent le sort de toutes les feuilles hostiles au gouvernement impérial et furent supprimés à leurs débuts.

Là, d'ailleurs, se borne le rôle politique d'HORACE BERTIN. Libéral, dans le sens vrai du mot, il s'est cantonné dans ses opinions et a décliné résolument toutes fonctions électives. Par tempérament, au surplus, les satisfactions quelque peu vaines de la politique ne le tentèrent jamais. Sa nature d'artiste, de philosophe et d'honnête homme n'aurait trouvé dans un titre de conseiller ou de député qu'un maigre dédommagement pour les ennuis et les dangers que la politique n'aurait pas manqué de lui susciter.

Ses convictions, je le répète, ne prirent une tournure militante que dans le journalisme. Il collabora d'une manière active et suivie à nombre de feuilles parisiennes parmi lesquelles l'*Évènement*.

Le journaliste lui-même ne s'est jamais laissé absorber par les graves soucis des affaires publiques. La polémique lui a laissé le temps d'écrire — toujours pour les journaux — une foule de fantaisies et d'articles de genre, qui, réunis, donneraient bien encore la matière de plusieurs volumes. Rédacteur du *Sémaphore de Marseille* depuis environ quinze ans, il y fait actuellement une revue de la Presse très estimée où chacun trouve son compte — celui qui ne croit plus qu'à la politique, comme celui qui croit encore à l'Art. Cette revue est un terrain neutre où le réalisme des affaires quotidiennes sait faire une large place aux questions esthétiques.

Ce qu'il est bon de noter dans les articles comme dans les œuvres de BERTIN, c'est une érudition artistique peu commune. Chose remarquable ! plus cette érudition s'étend et plus les traces en deviennent légères. On dirait que l'auteur en avançant en âge et en sagesse tient à nous prouver une fois de plus que l'étude ne nous dévoile que le vide de notre orgueil et l'immensité de notre ignorance.

On me permettra ici d'avoir recours à un moyen de la vieille école et de diviser l'analyse d'Horace BERTIN écrivain en trois parties : HORACE BERTIN proprement dit, HORACE BERTIN critique et HORACE BERTIN satirique. Je sais bien qu'il eût plus été dans le goût du jour de cacher habilement cette division classique au lecteur. Mais comme la clarté est une des premières qualités de la critique, je n'ai pas cru pouvoir faire mieux, pour obtenir au moins ce résultat, que de mettre mon plan sous tous les yeux.

Le véritable BERTIN, le BERTIN proprement dit, celui qui s'adresse aux seuls dilettanti, c'est l'auteur si original de *Marseille-Inconnu*, des *Petits Coins de Marseille* et des *Croquis de Province*. C'est dans ces œuvres d'art pur qu'il faut l'étudier avec le plus de soin, car elles sont les assises solides de son autorité dans la littérature locale.

En général, vous ferez peu de différence entre tous ces volumes dont la parenté de sujets est étroite et dont la somme de talent varie fort peu. La réputation présente du premier écrivain marseillais n'aurait pas à souffrir beaucoup qu'on n'étudiât HORACE BERTIN que dans son premier livre.

Voici comment, à mon avis, s'explique cette ressemblance entre les *aînés* et les *cadets* d'HORACE BERTIN. C'est à ses débuts en effet que l'auteur des *Petits Coins* trouve son genre à lui, sa caractéristique, son arpent vierge dans le champ si remué de la littérature, et, satisfait désormais d'être lui-même, à une époque où tant d'œuvres appartiennent si peu à leurs auteurs, il s'attache à jamais aux origines de son talent.

En littérature, — qu'on me pardonne cet aphorisme populaire — mieux vaut être petit maître chez soi que grand valet chez les autres. HORACE BERTIN est maître chez lui. Son domaine est à la vérité de peu d'horizon, et on peut le connaître et l'apprécier en une seule excursion. Le lecteur cependant ne refuse pas d'y revenir aussi souvent qu'il en a l'occasion. Les lieux qui nous ont plu une fois ne laissent-ils pas en nous le regret de les abandonner et le désir de les revoir.

Le talent d'HORACE BERTIN atteint donc d'un seul coup à son but et se développe en entier dès sa première manifestation. A l'âge de vingt-cinq ans, l'auteur de *Marseille-Inconnu* se montre déjà l'artiste qu'on peut apprécier en dix lignes. Son français a déjà toute sa pureté, sa langue tout son chatoiement, ses néologismes tout leur pittoresque.

Remarquez cependant, à chaque publication nouvelle, un certain mouvement assez prononcé vers le naturalisme. Ces tendances vers la religion littéraire du jour s'accentuent et s'affirment plus fortement d'œuvre en œuvre, apparaissent à chaque fois plus nettes, plus précises et finissent par devenir un des éléments constitutifs du talent de l'écrivain marseillais.

Il ne faut pas maintenant en naturalisme ranger HORACE BERTIN dans la classe des *purs* ou mieux des *parfaits impurs*. L'auteur des *Heures marseillaises* ne veut être réaliste que dans le tableau. C'est toujours à la clarté d'une morale simple et vraie qu'il étudie l'âme humaine. Ses nouvelles tendent-elles à autre chose qu'à toucher le cœur par le sentiment et l'esprit par la vérité, et les conclusions qu'on en tire ne sont-elles pas empreintes de la plus grande pureté d'intention ? Le désespoir malsain et la haine orgueilleuse sont-ils les résultantes fatales d'aucun de ces récits si tristement vrai qu'il puisse être ? Bien au contraire, ce style ne fouille point brutalement la plaie, comme celui de tant d'écrivains du jour qui prétendent guérir leur malade de la même manière qu'un médecin guérit le sien parce qu'ils opèrent comme lui. Cette langue humaine, attendrie n'a rien de la froideur irritante que M. Zola prêche à son école.

Parfois même l'art pur subit chez HORACE BERTIN,

par contre-coup de cette sagesse populaire, une éclipse presque complète. A tort ou à raison on se plaît à voir l'artiste dédaigner certaines minuties de l'existence et planer au-dessus des considérations vulgaires et des petits intérêts dont la vie réelle est agitée. Ce qu'on aime un peu, en ouvrant un livre, c'est oublier qu'en le refermant on aura par exemple à s'inquiéter de l'opinion de chacun, à souffrir de la médisance des bonnes commères du quartier ou à passer par les petites vues d'un patron en épicerie. HORACE BERTIN, lui, par contre, semble se soucier fort de ces petits problèmes sociaux. Il les tourne, les retourne, en cherche la solution la plus raisonnable et la plus pratique — et la trouve toujours. Mais c'est ici que l'artiste s'efface. HORACE BERTIN personnifie alors le bourgeois-littérateur, un type oublié. Sa philanthropie donne à sa phrase plus de solidité, mais la prive de son brillant et de son élégance ordinaires.

Il tire une impression du plus petit recoin et une réflexion du fait le moins apparent. Il voudrait animer chaque coin de rue d'un peuple de philosophes. Il ne se livre certes pas à de hautes questions spéculatives, mais il n'abandonne jamais son paysage avant d'avoir inspiré aux lecteurs quelque rêverie économique. Et j'avoue, sans mauvaise grâce, que son art délicat m'a révélé, sous le beau ciel de Provence, bien de petits paysages inconnus dont la beauté étrange et originale invite l'esprit à un calme examen des choses d'ici-bas.

HORACE BERTIN est donc philosophe dans le sens populaire du mot. Il ne considère pas la philosophie, du moins dans ses livres, comme l'ensemble et le résultat des connaissances humaines. Elle ne consiste, pour lui, qu'à savoir prendre la vie comme elle vient. Et dussiez-vous en tressaillir dans la tombe, Aristote et Platon, Pascal et Descartes, Bacon et Newton, peut-être cette philosophie-là sera-t-elle longtemps encore la seule comprise par ce vieux pêcheur, qui, là-bas, paisible, se grille et s'endort sous le soleil de midi !

Puisque j'en suis à évoquer le nom des grands hommes, il faut que j'ajoute une chose surprenante après le terre à terre philosophique que je viens de signaler chez HORACE BERTIN; il faut que je vous dise que j'ai découvert du Bossuet chez l'auteur du *Cochon de Mme Chasteuil !* Lisez plutôt :

« Pendant que nous courons à nos affaires, à nos « plaisirs, que nous formons de vastes et magnifiques « projets, que nous faisons des rêves ambitieux, « que nous nous promettons un long avenir, que « nous nous déchirons mutuellement, que nous « lâchons la bride à nos passions, à nos faibles- « ses et que nous vivons enfin à outrance, là-bas, « dans cette boutique de la rue Malaval, des ouvriers « s'occupent tout en chantant ou en fumant la pipe, « de nous confectionner nos cercueils ou plutôt notre « dernier vêtement, selon une expression popu- « laire. »

Retranchez la conclusion de cette phrase et dites-moi si les périodes et les accumulations qui vous restent ne vous rappellent pas quelque peu l'allure imposante et réglée du grand orateur.

Ces lignes, que je ne cite d'ailleurs que par pur

amour d'anthitèse, ne sont pas, tant s'en faut, dans la manière ordinaire d'écrire de BERTIN. Son genre tout simple, tout naturel, si éloigné des grandes voies littéraires, ne pouvait guère s'accommoder de leurs expressions à puissants effets. Avant tout, BERTIN styliste est ce qu'on appelle aujourd'hui un ciseleur de phrases mêlant beaucoup de limpidité à beaucoup de sens. Certaines expressions pittoresquement débraillées habillent parfois sa pensée avec des cravates la Vallière et la chaussent de bottes Louis XIII. Il serait assez plaisant au surplus d'entendre BERTIN tonner contre la civilisation, qui, devant nos maisons, remplace le fumier par l'asphalte, dans des phrases académiques et tirées au cordeau.

Toujours à la recherche du pittoresque, le *marteau municipal* est pour lui l'instrument des profanations les plus abominables. Mais voilà la seule chose qui ait fait s'élever parfois à gros bouillons ce style tranquille. BERTIN aime à prendre le juste milieu entre les couleurs éclatantes et crues de la vie expansive et les tons indistincts et crépusculaires de la destruction. Son pinceau s'en tient à la nature agonisante ; sa description a quelque chose de sommeillant. Voulez-vous en un mot goûter pleinement HORACE BERTIN ? Lisez-le aux heures de sieste.

En connaisseur de l'âme humaine qui sait à quelle condition le lecteur — même lettré — suivra sans fatigue cet art si fin de la description, il a souvent recours à l'épisode pour animer son paysage. C'est alors que le poète se fait jour. Les traits qu'il nous rapporte sont empreints d'une mélancolie touchante, d'une poésie intime mêlée souvent à beaucoup de profondeur. Ces petits récits s'amènent tout naturellement, et, devant l'émotion du narrateur, on devine aisément le nom du héros de ces frais souvenirs de jeunesse.

Ici se place une question délicate. Comment BERTIN envisage-t-il la femme? Je réponds nettement telle qu'elle est: superficielle, raisonneuse, fausse sur certains points du caractère, aimante, dévouée et résignée. Nulle part je n'ai trouvé mieux analysé que dans le *Furoncle* l'état d'esprit et de cœur de la jeune fille vis-à-vis de celui qu'elle va prendre pour époux. Ce n'est certes pas encore de l'amour que Thérèse ressent pour Gaston avant de lui être unie. C'est tout au plus le penchant naturel qu'inspirent à la vierge ignorante les attraits de la jeunesse chez le garçon. Il dépendra de celui-là seul de changer cette légère inclination en une passion vraie et profonde, contre laquelle viendront se briser inutilement tous les orages de la vie.

De l'amour que les débris d'antan inspirent à l'écrivain marseillais, n'allez pas lui supposer un tempérament d'antiquaire. Il ne veut que vous charmer et se défend de vous instruire. C'est du moins ce qu'il fait entendre, avec beaucoup de grâce et assez de désinvolture, dans sa préface des *Petits Coins*. Il ne se flatte ni du flair du chroniqueur, ni de la science de l'archéologue. Ses œuvres ne sont pas le fruit de longues et patientes recherches. Une seule préoccupation s'en dégage: l'amour profond du ciel natal et l'ambition bien légitime de faire partager à tous ce sentiment.

* * *

Devant l'homogénéité des œuvres locales d'HORACE BERTIN, on peut se demander si le talent qui les a produites, dirigé vers d'autres études, eût réussi aussi complètement ? Ce qui est bien évident c'est que si ce talent, à ses débuts, eût visé un autre genre moins populaire, les succès en auraient été moins vifs, les travaux moins encouragés et le développement moins rapide.

Cependant, une fois connu, l'auteur de *Bustes et Masques* a tenu à honneur de donner à l'ensemble de ses productions l'attrait de la diversité. C'est, je crois, à cette coquetterie littéraire que nous devons cette galerie de fins portraits, ces critiques si nettes de nos sommités marseillaises.

Je suis forcé d'avouer que *Bustes et Masques* est un livre obligeant presque d'un bout à l'autre, mais j'ajoute aussi que je le crois sincère. Il n'a à tout prendre qu'un travers : celui d'exagérer la louange. Où un critique moins aimable dira simplement : c'est bien — HORACE BERTIN s'écriera : c'est parfait ! L'exiguité des rapports, dans un centre aussi restreint que le nôtre, rendait d'ailleurs sa tâche excessivement délicate. A moins de vivre en dehors de tout mouvement artistique, littéraire ou politique — et alors il s'exposait à pécher par ignorance — il ne pouvait dire toute la vérité. Parfois, cependant, celle-ci réclame impérieusement sa victime et BERTIN est bien contraint d'accepter le rôle de sacrificateur. Cette plume, tout à l'heure si enthousiaste, s'arme alors d'ironie et se répand en fins sous-entendus.

Ouvrez *Bustes et Masques* à la page qui concerne l'ex-député Bouchet. Regrettons ensemble, si vous voulez, que la dernière année ait converti cette page en une prophétie de malheur, mais convenons aussi que les électeurs, lors de la formation de la dernière Chambre, auraient pu la lire avec quelque fruit.

La reproduction dans le *Figaro* des études sur Mmes Judic et Théo peut, à juste titre, être considérée comme la consécration du mérite de l'œuvre et du talent de l'écrivain.

*
* *

Si cette plaquette eût été publiée il y a trois ans, elle aurait pu, à cet endroit, réserver une grosse surprise au lecteur. Peu de profanes connaissaient alors le nom de l'auteur des articles charivariques du *Bavard*. Aujourd'hui, la chose est devenue un secret de Polichinelle. Depuis huit années, sans manquer une seule semaine, HORACE BERTIN remplit de sa prose endiablée et populaire la première page du journal satirique de notre ville. Aujourd'hui, par cette collaboration assidue, il est devenu le Rabelais marseillais.

Bertin-Rabelais dépasse bien un peu ce que je pense. Avant de songer à donner un héritier à l'auteur de *Pantagruel*, il faudrait, ce me semble, s'enquérir si son héritage subsiste encore de nos jours. La liberté de la Presse a tué le pamphlet. Les ridicules de notre époque sont moins apparents que ceux du seizième siècle quoiqu'aussi profonds et aussi nombreux. Dans nos milieux raffinés, la malice et la hardiesse ont pris des allures décentes et se contentent de faire sourire. Rabelais est donc bien mort, et les sorties tintamaresques de M. HORACE BERTIN vivront parce qu'elles sont d'elles-mêmes, c'est-à-dire par les joyeux délassements qu'elles procurent aux travailleurs.

Ce qui se dégage surtout à la lecture de ces articles ébouriffés, c'est un scepticisme profond sur les hommes politiques du jour. L'auteur n'a pas vécu sous trois régimes différents sans savoir que dans la balance de tout gouvernement les intérêts d'un peuple acquièrent une légèreté étonnante opposés aux intérêts des individus. HORACE BERTIN est un des rares hommes publics qui puissent encore juger sainement les hommes et les choses du haut de leur désintéressement.

Remarquez au surplus que par leurs difformités outrées les caricatures du *Bavard* ne peuvent pas causer de scandales. Parmi les personnages en vogue dont BERTIN s'égaie chaque samedi, seuls, les vaniteux et les sots ont cru parfois de leur dignité de protester bruyamment contre les attaques auxquelles ils se sont d'ailleurs exposés volontairement en devenant hommes publics. Et l'on sait assez que le léger esprit français a rarement donné raison aux récriminations de ce genre.

Êtes-vous attaqué par l'ironie? Répondez sur le même ton ou taisez-vous, car le plus beau mouvement d'indignation ne vous sauvera pas du ridicule et viendra au contraire exciter encore le rire de la galerie.

Rarement d'ailleurs les articles de BERTIN ont

soulevé de pareils orages. Voilà huit ans qu'il se moque à tour de bras de tous les pantins de la scène politique et son nom est entouré d'autant d'estime et de considération qu'auparavant.

* * *

« Le style c'est l'homme. » Cette étude pouvait-elle finir autrement que par ce mot de Buffon ? HORACE BERTIN en effet lui donne encore une fois pleinement raison. Rien ne jure chez lui entre l'homme et l'écrivain. Ils sont charmants tous les deux. L'harmonie est parfaite. L'artiste qui s'attache à ces riens délicieux et dont la plume craint d'éclabousser des mots vides et sonores est aussi le bon citoyen qui vit paisible, et, autant que sa situation le lui permet, en dehors de toute agitation.

Cet homme si passionnément épris des choses de l'Art, et par conséquent si bien fait pour comprendre la vraie fraternité, au milieu de l'âpre choc des ambitions, garde un souvenir aux combattants disparus, jadis glorieux et que la foule ne devrait pas oublier ; — applaudit ceux qui, partis avec lui, combattent encore à ses côtés ; — et tend la main à ceux qui s'élancent à peine dans la lutte.

Le poète enfin dont l'attendrissement est si communicatif ne ment pas au bon fils qui sait trouver à son foyer toutes les joies et toutes les consolations.

St-Antoine-Marseille. — J. Doucet, Imprimeur-Éditeur

www.ingramcontent.com/pod-product-compliance
Ingram Content Group UK Ltd.
Pitfield, Milton Keynes, MK11 3LW, UK
UKHW020229180726
13838UKWH00005B/2288